AF242822

HENRI RAVINA

PANTHÉON DE LA LÉGION D'HONNEUR

PAR

M. AMÉDÉE BOUDIN

————— →»>✕<<← —————

HENRI RAVINA

PIANISTE-COMPOSITEUR

Chevalier de la Légion d'honneur

TOME II

PARIS

BUREAUX : 5, PASSAGE CHAUSSON

(Boulevard Magenta)

1869

HENRI RAVINA

RAVINA (Henri), pianiste-compositeur, chevalier de la Légion d'honneur, est né à Bordeaux le 20 mai 1818.

Rossini, en 1861, écrivit au comte Walewski, alors ministre : « Ravina « est un de ces rares artistes que la « France doit être fière de compter « au nombre de ses hommes les plus

« éminents ; c'est à ce titre que je
« viens demander pour lui la croix
« de la Légion d'honneur. »

La lettre de l'auteur de *Guillaume
Tell* fut placée sous les yeux de l'Empereur et la nomination de Ravina
immédiatement signée.

Cette appréciation du mérite dispenserait d'un commentaire, si le public n'était pas toujours désireux de
connaître ce qui l'établit : de ceux
qu'on admire tout devient important.

Ravina, dès son plus jeune âge,
révéla ce don de nature qui fait le
véritable artiste; qui, toujours, a caractérisé les grands maîtres.

En 1826, le célèbre Rode, après
l'audition d'un quatuor de Kalkbren-

ner, que Ravina venait d'exécuter,
l'acclamait virtuose.

En 1829, à onze ans, après plu-
sieurs essais de compositions, Ravina
dédiait au président du tribunal de
Bordeaux, mélomane enthousiaste,
un morceau avec accompagnement
d'orchestre, et faisait à sa mère,
habile professeur de piano, l'hom-
mage d'un trio.

En 1831, Zimmermann, décou-
vrant en lui les qualités qui ouvrent
l'avenir, le réclama pour le Conservatoire et en fit son élève de prédi-
lection.

On va vite quand on suit sa pente.
Au bout de huit mois, après avoir
remporté le second prix, Ravina re-
venait dans sa ville natale, où l'en-

thousiasme et les sympathies de tous
lui firent comprendre la nécessité de
mériter plus encore, lui inspirèrent
la ferme volonté de devenir ce qu'il
pouvait être; aussi, en 1834, le pre-
mier prix couronnait-il ses efforts. —
L'année suivante, il obtenait le pre-
mier prix d'harmonie et d'accompagnement pratique dans la classe de
M. Dourlen. — Après avoir étudié le
contrepoint et la fugue avec Reicha,
il sortait du Conservatoire; mais Ché-
rubini l'y fit aussitôt rentrer en le
nommant professeur, à dix-sept ans,
afin qu'il pût communiquer à ses
élèves la grâce, l'élégance, le brillant
de son jeu, qualités qui savent char-
mer et fixer l'attention.

Pressé de se livrer exclusivement
à la composition, il ne tarda pas à se
démettre de ces fonctions. Il voulait,

par des œuvres supérieures et durables, se faire un nom dans la carrière qu'il avait embrassée.

Ainsi parurent ses grandes *Études de concert*, dédiées à Zimmermann et adoptées par le Conservatoire; ses *Études caractéristiques*, que l'on cite à côté de celles de Cramer et de Bertini; puis, successivement, le *Duo d'Eurianthe*, le célèbre *Nocturne en ré bémol*, le *Dernier souvenir*, la *Mahoura*, *Tristesse*, *Ballade*, les *Études de style*, deux marches pour musique militaire, la *Sicilienne*, *Havaneras*, *Jour de bonheur*, l'*Enchanteresse*, le *Charme*, la *Douleur*, *Bacchanale*, le *Délire*, *Études mignonnes*, *Études harmonieuses*, *Un Concerto*, etc., etc. Ces œuvres remarquables lui valurent de chaleureuses ovations dans toutes les solennités musicales, soit qu'il les interprétât lui-même, soit qu'elles servissent à faire briller les pianistes les plus renommés. Mme Pleyel, en se faisant applaudir, savait les faire apprécier. Mais c'est principalement par la perfection et l'élégance de sa manière que Ravina, dans les nombreux concerts où il s'est fait entendre, ajoutait le charme de l'exécution aux heureuses conceptions qui caractérisent la souplesse de son talent.

En 1858, pendant que Rubinstein recueillait à Paris les bravos et les couronnes, Ravina, son glorieux émule, recevait à Saint-Pétersbourg des hommages auxquels bien peu d'artistes ont été habitués dans ce pays; il est vrai qu'il y représentait la France musicale et la belle école du piano moderne; c'est qu'on y savait apprécier en lui l'ampleur du son, la délicatesse du toucher, l'expression méthodique, toutes choses qui, pour les vrais musiciens, constituent l'art véritable du pianiste et donnent à l'auditeur les plus douces émotions.

Quand on analyse Ravina, on comprend la spontanéité de la démarche de Rossini pour lui obtenir une distinction méritée.

Depuis 1850, Ravina est membre du jury pour les concours annuels du Conservatoire impérial de musique.

10448. Paris. -- Typ. Alcan-Lévy, rue Lafayette, 61
et passage des Deux-Sœurs.